Eine Idee von Lenn Vincent GmbH.

Das Werk ist einschließlich aller seiner Teile urheberrechtlich geschützt. Jede Verwendung außerhalb der engen Grenzen des Urheberrechtsgesetzes ist ohne Zustimmung des Verlages unzulässig und strafbar. Das gilt insbesondere für Vervielfältigungen, Übersetzungen, Mikroverfilmungen und die Verarbeitung in elektronischen Systemen.

© 2017 der deutschen Ausgabe.
Alle Rechte vorbehalten.

ISBN 978-3-907098-11-0

www.leo-schneepard.de

Leo Schneepard
und seine erste Spende

AUTOR
MELANIE ROEMER

Leo und seine Familie wollten heute zusammen an den See fahren. Aber leider regnet es sehr stark an diesem Sonntagnachmittag.

Gemeinsam überlegen sie, was sie machen können. Leos Papa hat eine Idee. „Was haltet ihr davon, wenn wir unser Wohnzimmer zum Kunstatelier umwandeln und schöne Bilder malen?" Leos Papa ist nämlich nicht nur ein toller Unternehmer, er ist auch ein super Künstler.

Leo überlegt kurz. Vielleicht ist er ja auch so ein super Künstler wie sein Papa. „Au ja. Vielleicht sehen meine Bilder so schön aus wie deine?" Leos Papa schmunzelt und ist stolz, dass Leo seine Bilder gefallen.

Gemeinsam beginnen sie das Wohnzimmer in ein Kunstatelier zu verwandeln. Leo und seine Mama decken alles ab, was nicht schmutzig werden darf. Leos Papa und Lilly bringen Pinsel, Wasser und alles, was man zum Malen braucht. Sie haben sogar Malkittel für jeden.
Zusammen malen sie den ganzen Nachmittag bis zum Abend. „Ach herrje, es ist schon spät. Lasst uns aufräumen und zu Abend essen", sagt Leos Papa. Gemeinsam räumen sie alles wieder auf und stellen die Bilder im Wohnzimmer auf.
„Leo, du hast wirklich ein sehr schönes Bild gemalt", lobt die Mama Leo.
Leo ist ganz stolz und findet sein buntes Bild auch sehr schön.

Am nächsten Morgen kommt Frau Schmitz, Leos Klassenlehrerin, mit einem neuen Jungen in die Klasse. „Ihr Lieben, das hier ist Jakob, euer neuer Mitschüler. Jakob, wir freuen uns, dich bei uns zu haben. Warum setzt du dich nicht auf den freien Platz dort vorne?"
Jakob lächelt schüchtern und setzt sich an den freien Platz gleich neben Leo und Maya. „Hallo Jakob, ich bin Leo", „und ich bin Maya", begrüßen Leo und Maya ihn. „Hallo", sagt Jakob schüchtern.

„Bist du neu hier in der Stadt?", will Leo gleich wissen. Jakob wird traurig. „Nein. Unser Haus hat gebrannt und wir mussten umziehen. Mein Lieblingsbär Bruno und all meine Spielsachen sind auch verbrannt. Jetzt haben wir kein Geld, um einen neuen Teddy zu kaufen. Ich vermisse Bruno so sehr."
Nach der Schule holt Lilly Leo ab und sie gehen direkt nach Hause. Leo denkt die ganze Zeit über Jakob nach und dass er seinen Lieblingsteddybären verloren hat.

Zuhause angekommen wartet schon die ganze Familie. Leo Schneepards Tante Tanja ist zu Besuch. Ganz interessiert schaut sich Tante Tanja das Kunstwerk von Leo an: „Wow Leo, hast du dieses Bild gemalt? Das sieht ja toll aus!"

Leo ist ganz stolz und nickt.

„Sag mal Leo, was hältst du davon, wenn ich dir Geld für deine Spardose gebe und ich dieses tolle Bild haben darf?" Leo findet diesen Vorschlag super.

Leo denkt wieder über Jakob nach. „Weißt du Tante, in meiner Klasse ist ein neuer Junge, Jakob. Bei dem hat es gebrannt. Seine ganzen Spielsachen sind verbrannt."

„Ach, das ist ja schlimm", bedauert Tante Tanja.

Leo fährt fort: „Und jetzt haben seine Eltern kein Geld mehr, etwas zu kaufen."
Leo hat eine Idee. „Wie wäre es, wenn ich öfters Kunstwerke male und ich das Geld für Jakob spare? Ich könnte Jakob einen neuen Bruno kaufen?"
Tante Tanja strahlt. „Das heißt, du möchtest das Geld, welches du mit deinen Kunstwerken verdienst, für Jakob spenden. Das ist ja eine super Idee, Leo", lobt Tante Tanja Leo. „Wie wäre es, wenn du am Mittwochnachmittag zu mir kommst? Alle meine Freundinnen kommen zu mir. Wenn du magst, kannst du deine Kunstwerke zeigen. Vielleicht kauft die eine oder andere eins."
„Klasse!", denkt Leo.

Leo malt die nächsten Tage fleißig weiter. Es macht Leo total Spaß, neue Kunstwerke zu gestalten und unterschiedliche Farben auszuprobieren. Leos Papa schaut sich die fertigen Bilder von Leo an. „Mensch, Leo, die sehen super aus! Besonders das bunte Bild gefällt mir Leo, dass würde ich gerne behalten", bewundert Papa Schneepard das Kunstwerk.
„Das geht doch nicht Papa, die brauche ich doch für die Spende für Jakob." Leo hat nämlich mittlerweile auch schon eine Spardose von Lilly bekommen, auf die er „Spende für Jakob" geschrieben hat. So gibt es keine Verwechslung mit seiner Spardose.

Es ist Mittwoch und Leo geht mit all seinen neuen Kunstwerken zu Tante Tanja. Er ist schon früh da, damit er seine Kunstwerke schön aufstellen kann. Dann kommen auch schon die Freundinnen von Tante Tanja. Leo ist am Anfang sehr schüchtern und flüstert nur „Hallo". Auf einmal fängt Tante Tanjas Freundin, Nelly Nashorn, an zu staunen. „Tanja Schneepard, wo hast du denn diese schönen Bilder her?"
„Die sind von meinem Neffen Leo Schneepard. Gefallen sie euch?"
„Ja, die sind wundervoll und so schön bunt."

Plötzlich sprießt es aus Leo heraus.
„Ihr könnt meine Kunstwerke gerne kaufen. Ich sammle nämlich Geld für meinen Freund Jakob. Ich werde ihm einen Teddybären spenden."
Und schon fangen die Freundinnen an, die Kunstwerke eins nach dem anderen zu kaufen. Leo ist ganz stolz. Er hat all seine Kunstwerke verkauft. Als die Freundinnen nach Hause gehen, zählen Leo und Tante Tanja das Geld in seiner Spendendose.
„Au ja, Tante Tanja. Ich habe zwölf Euro in meiner Spendendose. Ist das viel Geld? Bekomm ich dafür einen Bruno?"
„Ja Leo, das sollte genug Geld sein."

Am Wochenende ist Jakob bei Leo zum Spielen eingeladen. Leo und Jakob spielen den ganzen Vormittag zusammen. Als die beiden Hunger haben und in die Küche gehen, ruft Lilly die beiden zu sich. „Sag mal Leo, hast du Jakob schon von deiner Spendendose erzählt?" Leo strahlt, er nimmt Jakob an die Hand und rennt mit ihm in sein Zimmer. Leo erzählt Jakob ganz aufgeregt: „Du Jakob, ich habe Kunstwerke gemalt und diese verkauft. Das Geld hab ich für dich in einer Spendendose gesammelt. Ich möchte dir einen Bruno davon kaufen."
„Was?" Jakob kann es kaum glauben.

„Jetzt würden Lilly und ich gerne mit dir in ein Stofftiergeschäft gehen und einen kaufen." Jakob ist ganz schüchtern, aber Leo merkt, dass er sich freut.
Lilly springt auf. „Na ihr zwei, wollen wir los?"
„Ja, klar!" Leo freut sich und zieht Jakob mit sich. Und schon sind sie auf dem Weg zum Stofftiergeschäft.
Gemeinsam im Geschäft angekommen, läuft Jakob direkt zu einem Teddybären hin. Leo läuft hinterher. „Möchtest du diesen, Jakob?"
„Oh, das wäre schön. Der sieht genau so aus wie Bruno", sagt Jakob.
„Dann kaufen wir den", sagt Leo.

Als sie aus dem Geschäft kommen, umarmt Jakob Leo und bedankt sich.
„Du Leo, warum hast du denn für mich gespart? Das musst du doch nicht."
Leo lächelt und antwortet: „Du warst so traurig, weil alle deine Spielsachen und Bruno verbrannt sind. Da wollte ich dir helfen."
Das freut Jakob. Und Leo freut sich, dass er seinem Freund etwas spenden konnte, das ihn glücklich gemacht hat.
Es macht Spaß, etwas für andere zutun. Die beiden nehmen sich vor, ein gemeinsames Projekt zum Spenden zu finden. Was es sein wird? Wer weiß!

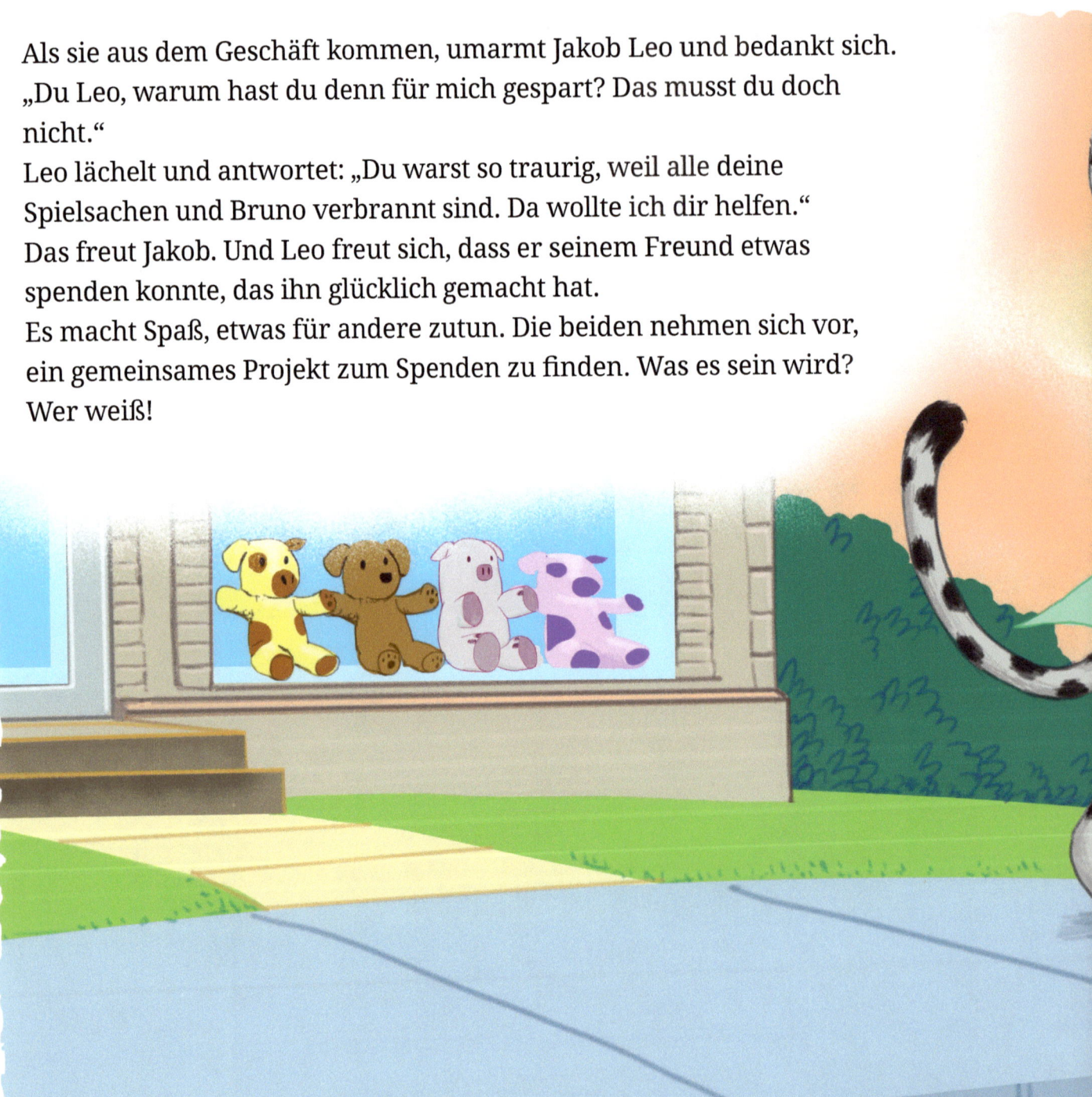

www.ingramcontent.com/pod-product-compliance
Lightning Source LLC
Chambersburg PA
CBHW040034050426
42453CB00003B/111